AF245406

Madame Louise de l'Estang

LE VOILE

DE L'HYMÉNÉE

Soulevé d'une façon chaste et morale

pour les

jeunes filles en âge de se marier

PARIS

L. BOUDON, Éditeur

18, rue Mazagran, 18

—

1903

CHAPITRE PREMIER

INTRODUCTION

✣

Bien que, dans le siècle actuel, il semble naïf de penser que les jeunes filles arrivent à l'âge du mariage sans savoir en quoi il consiste, au point de vue de l'acte qui doit les rendre mères, il n'en est pas moins vrai que beaucoup d'entre elles pénètrent dans la chambre nuptiale ignorantes du mystère qu'elle renferme.

Cette ignorance est fort regrettable, car elle est la cause initiale de beaucoup de mauvais ménages qui seraient certainement évités si toute jeune fille n'acceptait un mari qu'avec la connaissance complète de ce qu'il sera pour elle, c'est-à-dire celui au contact duquel elle deviendra mère.

Cette lacune que nous avons maintes fois entendu déplorer, tant par les jeunes épouses, après l'initiation, que par les mamans ayant des filles à marier, vient de ce que chez les jeunes filles vraiment bien élevées on a, de parti pris, laissé dans l'ombre ce côté pourtant essentiel de la vie et que leurs parents, n'osant pas soulever pour elles le **"voile de l'hyménée"**, s'en rapportent au mari pour les initier au mystère de l'acte de la conception.

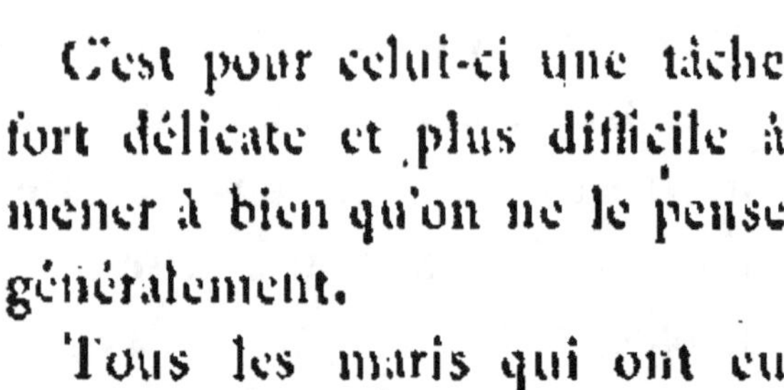

C'est pour celui-ci une tâche fort délicate et plus difficile à mener à bien qu'on ne le pense généralement.

Tous les maris qui ont eu à cueillir, dans ces conditions, de suaves "**fleurs d'oranger**", seront certainement de notre avis.

Or, si pour quelques jeunes épouses cette initiation se passe bien, ou à peu près bien, grâce au tact et à la délicatesse du jeune époux, pour beaucoup d'autres il n'en est pas ainsi, et c'est, répétons-le, la cause de nombreux mauvais ménages.

Combien de femmes n'ont jamais oublié, ni pardonné à leurs maris les révélations de "**la première nuit de noces**"!

Dans ces conditions, il nous a semblé que ce serait un grand service à rendre aux familles, et

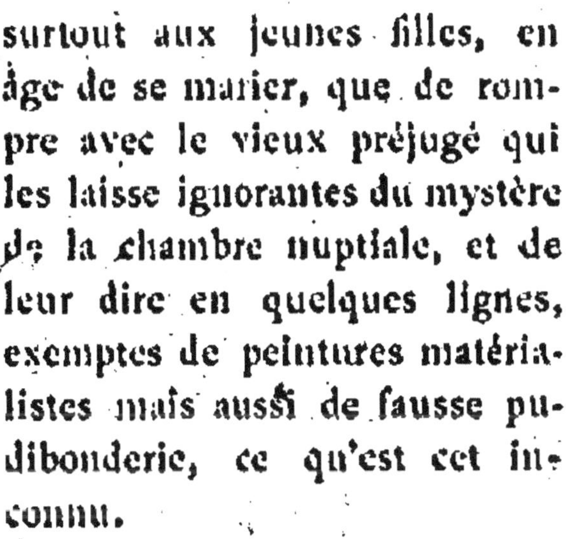

surtout aux jeunes filles, en âge de se marier, que de rompre avec le vieux préjugé qui les laisse ignorantes du mystère de la chambre nuptiale, et de leur dire en quelques lignes, exemptes de peintures matérialistes mais aussi de fausse pudibonderie, ce qu'est cet inconnu.

Les parents ne le laissent subsister que parce qu'ils n'osent pas aborder ce sujet délicat avec elles, tout en se rendant compte qu'il serait cependant utile de le faire pour entourer le mariage d'une garantie de plus du bonheur qu'elles sont en droit d'en attendre.

Les jeunes filles ayant compris ce qu'est véritablement le mariage, ne le contracteraient qu'en connaissance de cause et seulement avec celui qui répondrait à leur idéal à ce point de vue, nouveau pour elles, auquel elles n'ont pu se placer **puisqu'elles l'ignoraient.**

C'est le but que nous nous efforcerons d'atteindre dans les quelques lignes qui vont suivre.

Nous avons divisé ce petit opuscule en trois chapitres séparés, de façon à permettre aux parents de ne les mettre entre les mains de leurs filles que l'un après l'autre, pour qu'elles n'aient pas la curiosité de lire le second et même le troisième avant le premier, ce qui diminuerait la valeur de ce modeste travail qui a pour but de les amener doucement et progressivement à comprendre, et non de déchirer brusquement le voile qui, jusqu'alors, leur a dissimulé la vérité.

La première partie s'arrêtera

 donc là, et constituera une sorte de préface ou d'introduction, qui sera un commencement d'initiation suffisant pour préparer les jeunes intéressées à la lecture des deux autres chapitres dont elles auront saisi, par ce qui précède, le sens et le but.

CHAPITRE DEUXIÈME

CE QU'EST
L'ŒUVRE DE CHAIR

De même que pour faire éclore une plante il faut deux choses, la graine d'une part, et d'autre part le terrain dans lequel on l'ensemence, de même pour reproduire toute vie il faut aussi ces deux mêmes choses : la graine ou semence et le terrain propre à la développer.

Suivant qu'il s'agit des végéiaux ou des animaux, le procédé diffère, mais le principe reste immuable.

Dans le règne animal, qui est celui auquel appartiennent l'homme et la femme, la semence est fournie par l'élément **mâle**, le terrain de fécondation par l'élément **femelle**.

Il faut, pour que la reproduction se fasse, c'est-à-dire que la graine se développe et produise un être nouveau, que ces deux éléments se rapprochent et que la semence soit portée dans le terrain où elle doit se transformer.

C'est ce qui arrive lorsqu'un homme et une femme s'unissent et consomment ce qu'on a dénommé "l'œuvre de chair", c'est-à-dire l'œuvre ayant pour but la reproduction de l'espèce humaine.

Comment s'accomplit cet acte? C'est là le point délicat qu'il s'agit de faire comprendre aux futures épouses en termes clairs mais décents.

Pour y arriver, nous prendrons pour terme de comparaison un jardinier, une graine et la terre dans laquelle il l'ensemence.

Que fait le jardinier lorsqu'il veut faire pousser une plante? Il enfonce au sein de la terre la graine qu'il veut faire développer et laisse à la nature le soin de la faire germer et de la former en jeune plante qui sort de terre et grandit ensuite au soleil et à l'air libre.

Il en est de même, ou à peu près, pour la reproduction de l'espèce humaine dans laquelle les rôles du jardinier et de la graine sont tenus par l'homme et celui de la terre par la femme durant la période de la grossesse.

Ceci expliqué, nous allons nous efforcer de faire comprendre clairement, mais toujours en termes aussi chastes que le sujet le permet, comment a lieu la fécondation, c'est-à-dire, pour conserver notre comparaison, comment le jardinier ensemence son terrain.

CHAPITRE TROISIÈME

COMMENT A LIEU

LA FÉCONDATION

La Nature a, dans ce but, conformé l'homme et la femme d'une manière différente, de façon à permettre au premier d'introduire, au sein de la seconde, la graine que la nature doit ensuite faire développer et transformer en joli bébé rose qui vient au jour, au moment de l'accouchement, et, comme

la jeune plante à laquelle nous
l'avons comparé, grandit ensuite
au soleil et à l'air libre grâce
aux soins de sa jeune maman.

Cette différence de conforma-
tion qui a pu échapper à l'œil
modeste de beaucoup de jeunes
filles, leur étant ainsi signalée,
il leur suffira de réfléchir atten-
tivement pour se rendre compte
comment, grâce à cette différence de structure, l'époux et
l'épouse peuvent consommer
l'œuvre de chair, but légal et
sacré du mariage.

Voilà expliqué d'une façon,
croyons-nous, suffisamment
claire pour que les plus inno-
centes aient compris, l'acte inconnu de beaucoup de jeunes
filles quand elles se marient et
pour lequel, cependant, le mariage a été institué.

C'est la révélation de cet acte,

 et surtout son exécution, qui froisse beaucoup d'entre elles **parce qu'elles n'y sont pas préparées** et qui leur fait, quelquefois, prendre en aversion le mari qu'elles ont choisi sans savoir qu'il aurait à remplir cet acte auprès d'elles.

Combien de femmes seront de cet avis qui n'ont jamais oublié, ni même pardonné à leurs maris, ainsi que nous l'avons dit dans le premier chapitre, les révélations de "la **première nuit de noces**".

Chez la femme, du moins pour le plus grand nombre, l'œuvre de chair est au début une souffrance physique, mais surtout morale, qui les atteint au plus profond de leur pudeur.

C'est pour éviter aux futures épouses ce pénible froissement et les conséquences qu'il a sou-

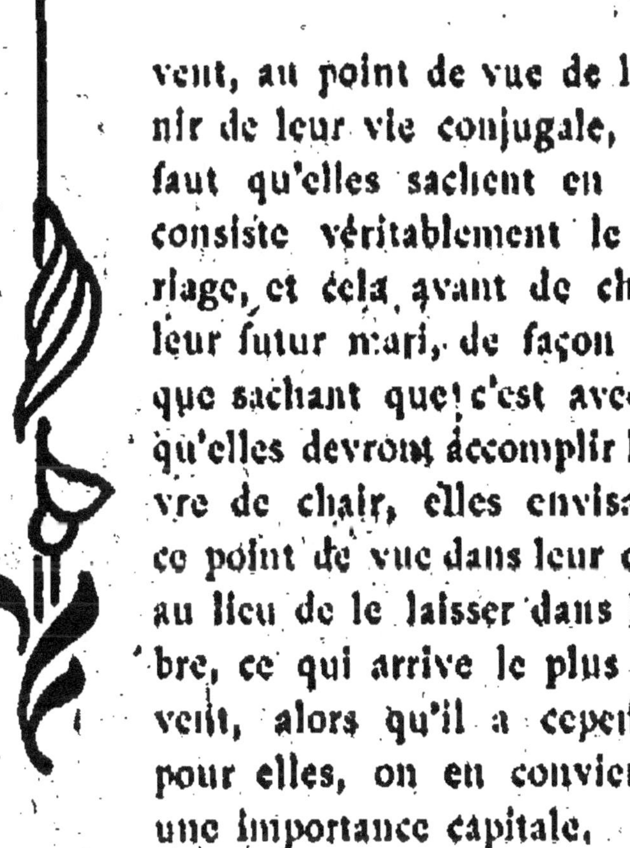

vent, au point de vue de l'avenir de leur vie conjugale, qu'il faut qu'elles sachent en quoi consiste véritablement le mariage, et cela avant de choisir leur futur mari, de façon à ce que sachant que c'est avec lui qu'elles devront accomplir l'œuvre de chair, elles envisagent ce point de vue dans leur choix au lieu de le laisser dans l'ombre, ce qui arrive le plus souvent, alors qu'il a cependant pour elles, on en conviendra, une importance capitale.

Quant à la souffrance physique que ressent au début du mariage la jeune épouse, qu'elle ne s'en effraie nullement. Avec un mari délicat et attentionné elle est peu de chose et disparaît rapidement pour faire place à une sensation tout opposée créée par la Nature pour rendre

désirable "l'œuvre de chair"
dans le but louable, qui est
celui vers lequel tendent tous
ses efforts : la reproduction de
l'espèce humaine.

Les Adultes, Août 1903.

Imp. Nouvelle F. Pech et Cie, — Bordeaux.

www.ingramcontent.com/pod-product-compliance
Lightning Source LLC
Chambersburg PA
CBHW061759060726
47597CB00007B/3030